Gabler · Skizzen

Ambrosius Gabler

SKIZZEN PHYSISCHER UND MORALISCHER GEGENSTÄNDE

Verlag Werner Dausien

SKIZZEN PHYSISCHER UND MORALISCHER GEGENSTÄNDE
von Ambrosius Gabler

Neudruck der um 1795 bei Johann Trautner in Nürnberg erschienenen Ausgabe nach einem Exemplar der Deutschen Staatsbibliothek, Berlin

Mit einem Nachwort von Sabine Knopf

Buchgestaltung: Maria Scholz

Printed in the G.D.R.
VERLAG WERNER DAUSIEN · HANAU · 1984
ISBN 3-7684-3428-1

Skizzen

Physischer und Moralischer

Gegenstaende,

für
die Jugend
in
24. Kupfertafeln
vorgestellt.

von A. Gabler
gezeichnet und gestochen.

Verlegt
in der Johann Trautnerischen Kunsthandlung
in Nürnberg.

J Kellner sc.

Kinder Stube.

Den Anfang der Bildung erhält der Mensch in der Kinderstube, wo man ihn schon an die Reinlichkeit, Ordnung und Fleiss zu gewöhnen sucht. Hier säubert eine Kindermagd einen Säugling und versieht ihn mit frischer Wäsche, weil die Reinlichkeit zur Erhaltung der Gesundheit gehört. Eine andere Wärterin lehrt einem Knaben das Laufen oder gehen, indem sie ihm ein Zuckerbrod in der Ferne zeigt. Die Mutter schaukelt ein Söhnchen in der Wiege, damit es lieber einschläft; und hier im Winckel vertreibt sich ein Mädchen mit seiner Puppe die Zeit. Wie hoch werden also gute Kinder ihre Eltern schäzen, da sie ihnen so viele Sorgen, Mühe und Schlaflose Nächte verursachen!

Luft.

Die Luft, welche uns eben so unentbehrlich zum Leben ist als Speise und Tranck, kan uns sogar tödlich werden, wen̄ sie nicht rein und angesteckt ist. Daher lassen auch gute Eltern ihre Kinder bisweilen im Garten oder sonst wo spazieren gehen, damit sie die reine und freÿe Luft geniessen kön̄en. Hier lässt Peter einen Drachen in die Luft steigen, den er selbst aus Pappier und Schleissen verfertiget hat; Dort sizt Amalchen und hat einen Vogel an einer Schnur, und Walther bringt in einem Käficht ebenfals einen Vogel, den er gefangen hat.

Erde.

Der Erde häben wir alles, was wir zum Lebensunterhalt nötig haben, zu verdanken. Um dieſes den Kindern recht augenſcheinlich zu zeigen, ſo iſt es gut, wenn wohlhabende Eltern ihrem Kindern ein Pläzchen im Garten anweiſen, um Blumen und Pflanzen zu ziehen, damit ſie ſich von dem Wachsthum derſelben einen ſichern Begriffmachen. Seht, meine Lieben! wie hier Lottchen ihrer Mutter vergnügt ihre Levkoyen zeigt; wie Fritz pflanzt und Luischen ihm die Pflänzchen herbey trägt; und wie Willhelm das Feld vom Unkraut reinigt.

Waſser.

Das Waſser verſchaft uns eben ſo viel Nutzen und Vergnügen als die übri„
gen Elemente. Hier probiert ein Knabe ein Schiffchen, welches er
ſelbſt verfertiget hat, um zu ſehen, ob es nicht umſchlägt oder Waſ-
ser einläſst; und ſein Bruder Conrad ſieht ihm voll Verwunderung
zu. Aber Günther ſprizt aus Muthwillen ſeine Schweſter Sophie,
daſs ſie furchtſam davon eilt; hinten im Weiher ſchwimmen
Enten, weil das Waſser ihr Lieblings Element iſt.

Feuer

Das Feuer ist für die Menschen so unentbehrlich als Speise und Trank. Deñ wie könten wir ohne dasselbe unsre Speisen kochen, unser Brod baken und Thee und Coffee machen? Man kan es aber auch zum Vergnügen anwenden und vermittelst des Schiespulvers Kunst-, Luft-, und Wasserfeuerwerke machen, Schwärmer, Luftkugeln, Feuerräder, Raquetten und dergleichen verfertigen. Oft verfertigen auch Kinder zum Vergnügen und zur Ehre ihrer Eltern Feuerwerke, welche viel zur Ausschmükung des Familienfestes beÿtragen, und worüber der Papa und die Mama ihr Vergnügen bezeugen.

Gehör.

Durch den Sinn des Gehörs empfinden wir Vergnügen und Misvergnügen. Wie reizend ist nicht unſerm Ohr die Muſik, die unſer Herz zur Freude, aber auch zur Schwermuth ſtim̄t, uns aber auch zum Aerger oder Gelächter hinreiſst, wen̄ wir verſtim̄te Töne oder manchen Mislaut hören müſsen. Hier ſingt und ſpielt ein Frauenzimer auf dem Fortepiano, wobey ein Herr mit der Violin accompagnirt. Dieser kleine Knabe betäubt das Ohr mit ſeiner Trom̄el, welches ihm ſeine vernünſftigere Schweſter zu verwehren ſucht. Einer von dieſen Knaben hält eine Schnur an das Ohr, an welcher eine Feuerzange befeſtiget ist, indem der andere Knabe mit einem Stahl daran ſchlägt, ſo verurſacht es im Ohr den Laut einer Sturmgloke.

Gesicht.

Durch das Gesicht könen wir die Grösse Göttes in den Werken der Natur weit besser kennen lernen, als durch die übrigen Sinen. Da die Erfindung der Menschen ausser andern Konstsachen auch die Vergrösserungsgläser hervor gebracht. hat, wie dieses, in welches der auf den Schemel stehende Knabe hinein sieht, welches man Microsrop nennt und durch Hülfe derselben wir die kleinsten Insekten oder auch nur Theilchen von denselben erkennen und betrachten. könen, die wir mit blossen Augen nicht sehen würden. Es giebt auch Ferngläser und Perspective, womit man weit entfernte Gegenstände beobachten kan; wie der am Fenster stehende Jüngling eines hat. Jenes Mädchen zeigt ihrer Lehrerin etwas, das sie selbst genäht hat, von darüber ihr Urtheil zu vernehmen, ob es gut in das Gesicht fällt.

Geruch.

Auch der Geruch erregt in uns angenehme und unangenehme Empfindungen. Lieblich riecht die Rose, welche dieses Mädchen ihrer Mutter vor die Nase hält, aber unangenehm ist der Geruch einer angebrañten Feder. Entzückend riecht auch der Knaſter, und übel ein verlöschendes Unschlittlicht. Jener Knabe, welcher die Nase zuhält, mag auch keine gewürzhafte Ausdünſtungen riechen, wovon vermuthlich jener Kleine die Urſache ist. Daher nähern wir uns nur den Wolgerüchen und entfernen uns von allem Uebelriechenden.

Geschmack.

Durch den Geschmack unterscheiden wir, ob etwas ſüſs, ſauer oder bitter, angenehm oder unangenehm ist. Auch das köñen wir dabeÿ gewahr werden, ob eine Speiſse noch friſch und alſo auch geſund, oder ſchon halb verdorben und daher ſchädlich ist. Wie herzlich gut läſst ſich der alte Grosſvater ſein Stückchen Kuchen ſchmecken; wie angenehm ſchmekt reifes und ſaftvolles Obſt; und wie küzelt ein Gläschen guter Wein den Gaumen!

Gefühl.

Das Gefühl läſt uns angenehmes und unangenehmes empfinden. Es ist uns aber hauptſächlich deswegen von dem Schöpfer gegeben, daſs wir durch kleine Schmerzen und Gefahren, welche wir uns in der Kindheit zuziehen, klüger gemacht werden, und alsdan̄ gröſsere vermeiden lernen: So ſpielte zum Beyſpiel das auf dem Stühl: ſizende Mädchen mit Krebſen und wurde von einem derſelben in den Finger gezwikt, weil es nicht an die Ermahnung ihrer Eltern dachte, daſs man unbekan̄te Sachen nicht anrühren dürfe, damit man ſich nicht beſchädige. Ihr kleiner Bruder hat ſich die Finger an dem geheizten Ofen gebren̄t. Aber das loſe Fickchen weckt ihren ſchlafenden Bruder Georg durch eine ſanftere Empfindung auf, indem ſie ihm mit einer Pfauenfeder unter der Naſe küzelte.

Morgen.

Ein schöner heiterer Frühlingsmorgen ergiesst frohe, angenehme Empfindungen in unsern Busen, wen̄ wir die kühle, reine Luft einathmen, und die aufgehende Son̄e durch ihre Strahlen die Spizen der Berge vergulden sehen: Wir riechen den angenehmen Balsamduft der Blumen und Kräuter und hören entzückt den melodischen Gesang der Vögel. Die ganze Natur scheint neu belebt und neu gebohren zu seyn. Der Landman̄, welcher durch den sanfften Schlaf erquickt und durch das Krähen des Haushahns erweckt wurde, ehe noch der Morgen zu grauen anfing, eilt fröhlich mit seinem Pfluge auf das Feld, wohin die Tauben ebenfals aus ihrem Schlage fliegen, um ihre Nahtung zu holen. – Steht also auch ihr frühe auf, meine Kinder, damit ihr ebenfalls die Freuden des Morgens genießet.

Mittag.

An Mittag, wenn die Sonne am höchsten stehet, sieht sich sowohl der fleisige Arbeiter, nach Speisse als auch das Vieh nach Futter um. Die Pferde, welche den mit Gütern schwer beladenen Wagen schon einen halben Tag lang gezogen haben, werden nun in den Stall gebracht und gefüttert. Freudig steigt der Reisende vom Pferd, wenn er einen guten Gasthof erreicht hat, wo er sich laben und seines Pferds pflegen kañ. Unter der Schupfe neben der Hausthür sind schon einige über dem essen, an deren guten Appetit man es merkt, dass sie ihr Mittagmahl schon verdient haben. Nur jenes arme Weib hat nicht das geringste für ihren Kleinen, wenn auch sie gerne Hunger leiden wollte; und daher bittet sie demüthig um ein wenig Speise.

Abend.

Wenn ſich die Sonne tiefer am Horizont hinunter ſenkt, ihre Strahlen ſich all„ mählich hinter den Bergen verlieren und die Schatten ſich verlängern, dann bricht der Abend herein. Alles eilt dann zur Ruhe; ſelbſt das Vieh läſt ſich willig vom Hirten in das Dorf treiben und begiebt ſich in ſeinen Stall. Aber auch ſelbſt der Abend hat ſeine Schönheit. Entzückend ist für das Auge die prachtvolle Abendröthe; reizend für das Ohr der Geſang der Nach, tigall; und die etwas kühler gewordene Luft, welche die ſchwüle Hitze des Tages mäſsiget, ladet uns zum ſüſſen Schlumer ein.

Mitternacht.

Wie ſüſs iſt die Ruhe dem Müden, wenn er ohne Sorgen und Kum̄er die Wohlthaten des Schlafs genieſst. Aber wie ſchröcklich iſt es, wenn uns das Angſtgeſchrey: Feuer! Feuer! aus dem ſanften Schlum̄er weckt. Wir ſehen zitternd aus den Fenſtern und erblicken die hellodernde Flam̄e, welche unſers Bruders Haus verzehrt, hören das fürchterliche Getön der Sturmgloke, das Geſchrey der Unglücklichen, welche um Hülfe rufen und das Getös der Waſser Kufen und Feuerkünſte. Die Flam̄e ſteigt hoch empor und der in der Dunkelheit der Nacht aufſteigende Rauch verkündiget dieſe Schreckens-Scene, weit. Der Wunsch zur Rettung iſt allgemein. Der uns ſonſt fühllos ſchien, drängt ſich am nächſten hin, um Hand anzulegen: Und wir ſehen da ein edles gutes Herz, wo wir keins vermutheten. Einige beſchäftigen ſich die ſchon bren̄enden Balken mit Feuerhaken los zu reiſsen, andre ſprizen in den Brand oder tragen Waſser herbey, und welche flüchten Hausgeräthe.

Jugend-Alter.

Sollen einst unsre Kinder nüzliche Menschen für die Welt und brauchbare Bürger für den Staat werden, so muss man sie schon von Jugend auf gut erziehen und ihnen Gefühl für die Ehre und Liebe zum Guten beybringen. Sie gleichen jungen Bäumchen, welche die Richtung annehmen, die man ihnen giebt, aber verwildern und krum wachsen, wen̄ man ihnen nicht durch die Kunst zu Hülfe komt. Hier zeigt der Hofmeister seinen beiden Eleven einige Bäume, von welchen diejenige, welche an Pfähle gebunden, oculirt und gepelzt sind, grad in die Höhe wachsen und einst wohlschmekende Früchte tragen, jene aber, welche nicht so gewartet und gepflegt worden, wachsen krum und tragen einst unschmakhafte Früchte. So ist auch die Jugend beschaffen, welche ohne Warte u. Pflege verwildert, nur für rohe Naturmenschen, aber nicht für die gesittete Welt taugt.

Jünglings u. Jungfräuliche Alter.

Der Jüngling, welcher sich den schönen Wissenschaften wiedmen will, sucht schon in der Jugend diesen Trieb zu befriedigen und bildet Geist, Herz und Geschmack, durch vortrefliche Muster. Sein Eifer ist gros, sein Fleiß gelingt ihm und läßt hoffen, dass er einst ein nüzliches Glied der menschlichen Gesellschaft werden wird. So wie sich das brave Mädchen bestrebet in ihrer Lage sowohl nüzliche, als auch künstliche Arbeiten, die entweder zu ihrem Puz oder zur guten Haushaltung erfordert werden, vorzunehmen, wodurch sie sich zu ihrer künftigen Bestimung vorbereitet, eben so beschäftiget sich auch der geistreiche Jüngling und zeichnet nach einem Antiken Kopf, während das Mädchen an der Rahme nähet.

Männliche Alter.

Das männliche Alter ist die höchste Stufe von der Bestim̄ung des Menschen, weil da sein Wörkungs Kreis am weitesten ist. Der Mann verrichtet freudig seine Geschäfte, von welchen er weiss, dass sie der Welt nüzlich sind. Es schaft uns aber auch nichts ein so grosses Vergnügen, als das Bewustseyn, dass man seine Kräften zum Wohl der Menschheit, zum Dienst des Vatertands und zur Wolfahrt seiner Familie anstrenget. Die Beschwerlichkeiten dieses Standes versüst ein getreues Weib, welche ihre Mühe und ihren Fleiss auf die Erziehung der Kinder wendet, dem Hauswesen ordentlich vorstehet und ihrem Mann mit eigner Hand die Speisen zubereitet, dem an ihrer Seite jeder Bissen besser schmeckt.

Greisen Alter

So traurig es bisweilen seÿn mag, Greis zu werden, weil sich da die Augen trüben, die Glieder unbiegsamer und alle Siñen stumpfer werden, und man im̃er in der Erwartung stehen muss, jeztwerde uns der Tod zurufen: Folge mir! – So giebt doch dies dem rechtschaffenen Greisen Trost, weñ er mit Recht sagen kan: ich habe meine Pflichten erfüllt und kan mit froher heiterer Miene in die Vergangenheit und in die Zukunft blicken! Welche Wonne empfindet der Greis, wenn er von braven Kindern hoffnungsvolle Enkel erlebt. Hier ist eine so frohe Scene abgebildet, wie der kleine Knabe seinem Grossvater an seinem Geburtstag einen Blumenstrauss überreicht, der ihn mit Vergnügen annim̃t, und sich dabeÿ an seine Jugend erinnert.

Armuth.

Die Armuth ist ein Gegenstand unsers Mitleids und des Jamers, zumal, wenn man sich dieselbe nicht selbst zugezogen hat. Hier erblikt ihr einen Mann, welcher durch schlechte Leute um sein geringes Vermögen gebracht und gezwungen wurde, im Walde Taglöhners Arbeit zu verrichten. Hier hatte er aber das Unglück sich an dem Schienbein zu beschädigen. Da er also schon ein ganzes Vierteljahr nicht mehr arbeiten und also auch nichts verdienen konte, dabey auch keine Hofnung hatte sich und die Seinigen zu ernähren, so rief mitten unter diesem Jamer sein grösserer Knabe nach Brod. Guter Gott! sprach der arme Holzhauer mit Thränen in den Augen, gieb mir nur so viel, dass ich meine armen Kinder speisen kan. Die Mutter, welche das jüngste Kind an ihrer Brust säugte, blikte wehmüthig ihren Mann an. – Ihr üppigen Reichen, die ihr oft in einem Tag mehr überflüssig ausgebt, als zehen Familien zu ihrem Unterhalt brauchen, o. naht euch den Hütten der Armuth, betrachtet das Elend, welches darinen herrscht, und errettet Nothleidende, die sich des Bettelns schämen, vom Hungertod.

Reichthum:

O bester Papa, riefen Caroline und Willhelm, indem sie sich an ihren Vater anschmiegten; vor der Thür steht ein armer Handwerker, welcher den Arm gebrochen hat und schon lange nichts verdienen kan. Seine Kinder müßen Hunger leiden; er weinte bitterlich und sagte, daß ihm das Betteln recht schwer ankome. Seyd ruhig, meine Kinder, sagte Herr von Wacker, wir wollen diese Thränen trocknen. Hier, sagte er zu dem Bedienten, welhem er Geld gab, gebt ihm einstweilen dieses, ich werde schon weiter dafür sorgen, daß er nicht betteln darf. Unterdessen unterhielt sich die gnädige Frau mit diesen armen Mann vor der Thür und suchte ihn zu trösten: Die guten Kinder danckten ihren Papa für seine Gütigkeit. Meine Kinder, sprach Herr von Wacker, merkt euch die Lehre, daß die Reichen nicht die Eigenthümer, sondern nur die Verwalter der Güter sind, welche ihnen Gott verliehen hat u. daß man also den Reichthum zum Wohl der Menscheit anwenden müße. Wie schön denckt und spricht dieser Reiche!

Gesundheit.

Herr Müller, der Hofmeister der beyden jungen Herren von Eberhardt, gieng einst mit seinen Eleven spaziren u. unterhielt sich mit ihnen, wie man einen starken u. gesunden Körper erlangen und erhalten köñe, als sie vor der Dorfschenke ankamen, wo ein alter Bothe sass, der sich zu seiner Erfrischung einen Krug Bier geben ließ. Der Hofmeister fragte ihn, wie er es deñ gemacht habe, dass er seine Gesundheit bis in sein Alter erhalten habe. Je nun, antwortete der Bothe, ich habe mich von Jugend auf vor keiner Witterung gescheut, obgleich mein Vater, der drey Kinder hatte, uns nicht zum besten kleiden koñte u. manchesmal der Wind ein bischen durch das Wams pfif. Weil ich aber hart arbeiten muste, so wurde mir schon warm. Dabey lebte ich ordentlich, u. ass u. trank bald um diese, bald um jene Zeit. Ich nahm mich vor dem Zorn in Acht u. war iñer aufgeräumt. Drohte mir eine Krankheit, so ass ich wenig oder gar nichts u. trank nur Wasser. Weil ich nichts schlimes that, hatte ich auch kein böses Gewissen, u. koñte iñer guten Muths seyn. Und das bin ich Gott sey Danck noch. Die beiden Eleven fanden das, was ihnen kurz zuvor ihr Hofmeister gesagt hatte, durch die Erzählung des Alten bestättigt und versprachen, dass sie seinem Rath folgen wollten.

Krankheit.

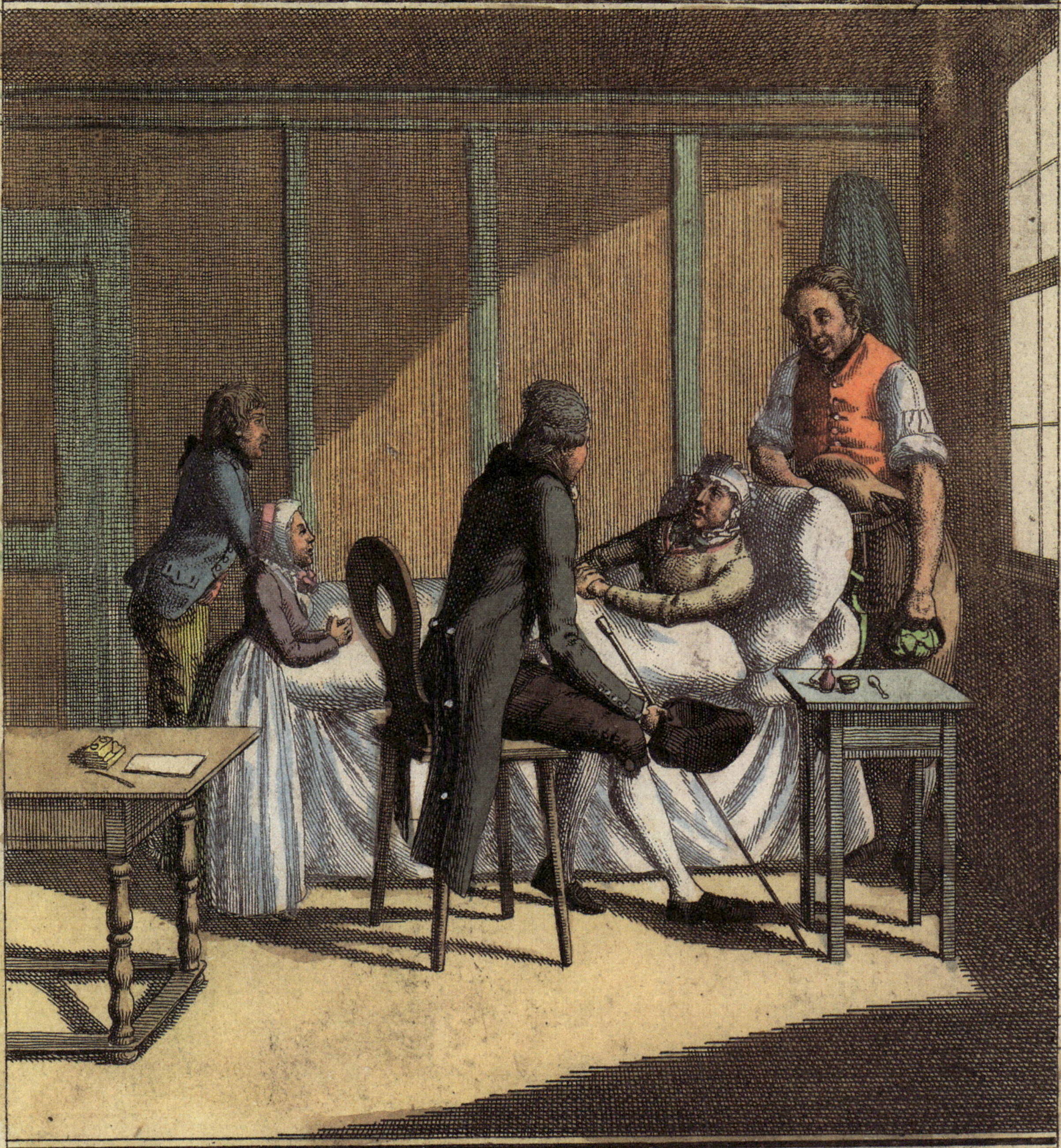

Das Uebel der Krankheit ist eine harte Plage für die Menschen. Oft entsteht sie durch Unmässigkeit, bisweilen durch unverschuldete Zufälle, bald aber auch durch eine fehlerhafte Leibesbeschaffenheit. Wir nehmen unsre Zuflucht zum Arzt, der aber auch nicht im̄er helfen kan. Am schlim̄sten aber ist es, wen̄ dieses Uebel sich in dem Haus eines Handwerkers einfindet. Denn wenn es den Mann trift; so liegt der ganze Verdienst darnieder, wird aber das Weib krank, so leidet das Hauswesen darunter, und überdieses geht auch mehr auf, als der fleisige Mann verdienen kan; Hier ist eine Kranckenstube abgebildet, wie eben der Arzt zugegen ist, und Vater und Kinder in banger Erwartung um das Bett stehen, ob der Arzt sagen werde: Sie wird schon bald wieder genesen!

Tod.

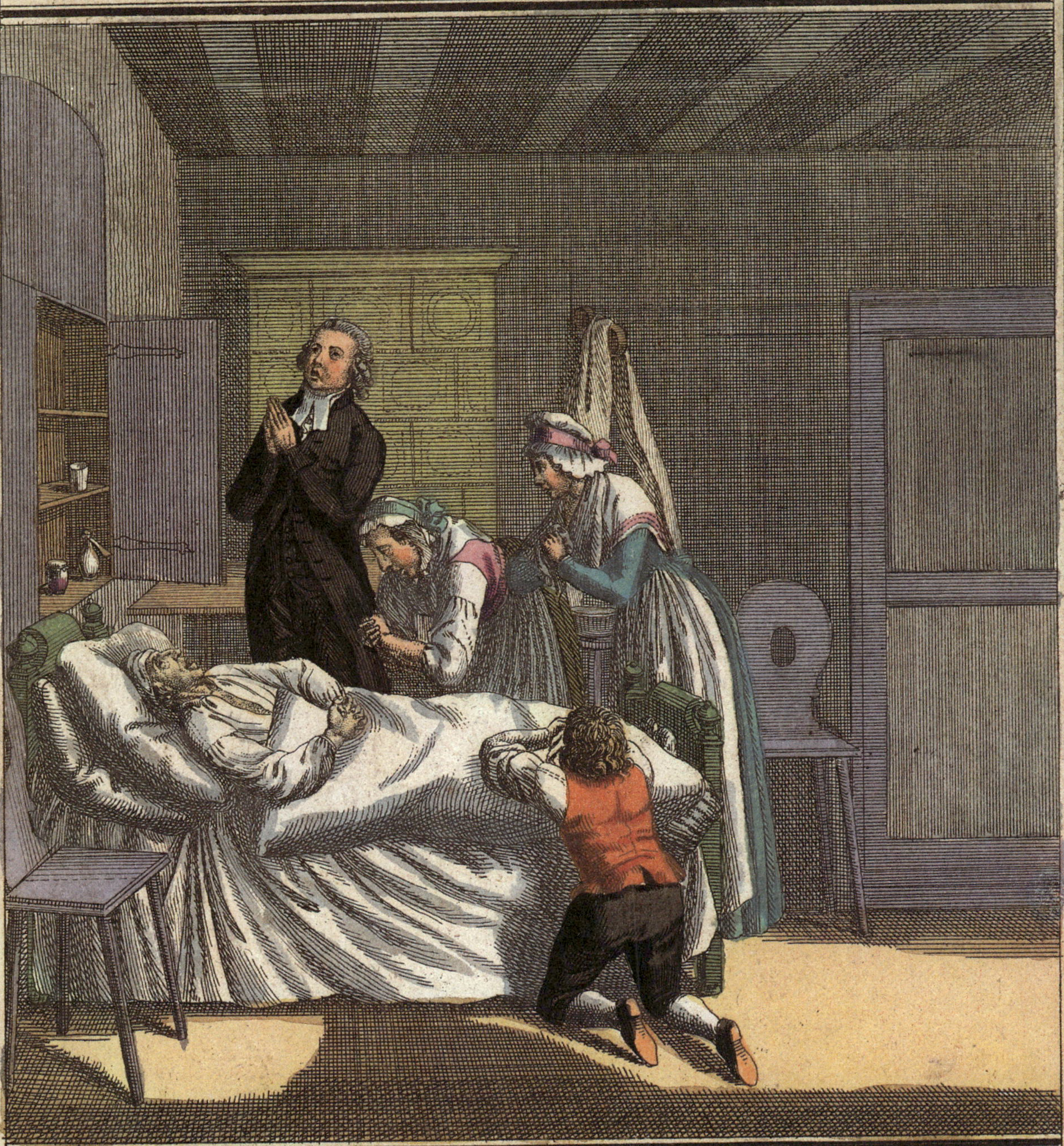

An Sterbebette, meine lieben Kleinen, erblickt ihr eine noch weit rührende Scene, die euch in stille Wehmuth versezen oder zu Klagen stimen wird. Hier wird vorgestellt, wie der Kranke schon in den lezten Zügen liegt, und bald seine Seele aushauchen wird; und mit banger Aengstlichkeit hören die Umstehenden sein schwaches Röcheln. Der Geistliche betet theils um eine baldige Auflösung des Leidenden, theils stärkt er seinen Muth durch Worte des Trostes damit er sanft u. standhaft in jenes Leben hinüber schlumere, theils tröstet er auch die Hinterlassene mit der süssen Hoffnung des frohen Wiedersehens in der Ewigkeit. Die getreue Gattin und ihre noch unerzognen Waisen sind voll Jamer und ringen Angstvoll die Hände, dass ihr bester Freund, Versorger u. Ernährer dahin stirbt u. sie dadurch in den hülflosesten Zustand versezt. – Eitler Mensch! trette an das Sterbebette, so wirst du dein Nichts erkenen u. deinen Stolz herabstimen.

Begräbniss.

Begräbnisse sind ebenfals ein Gegenstand des Kumers, des Wehklagens und des bittersten Schmerzens. Wie empfindlich fällt einer zärtlichen Gattin, wie hier auf diesen Blatt abgebildtet ist, der Tod ihres zärtlich geliebten Ehemans! An der Seite der betrübten Mutter ringt der Kleine Knabe die Hände und weint u. klagt um seinen Ernährer und Versorger. Stumer Schmerz bemächtiget sich des Bruders dessen, welcher in die Erde gesenkt wird, er faltet die Hände und ergiebt sich gelassen in den Willen der Vorsehung, welche seinen Geliebten früher zur Vollendung rief. Auch die Leichenbegleiter weihen dem Verstorbenen Thränen der Wehmuth u. nehmen an dem Schmerz der Wittwe und ihres noch unerzogenen Waisen wahren Antheil. Wer aber auch bey solchen Scenen des Jamers ungerührt bleiben könte, der müste ein hartes, unempfindliches Herz haben.

NACHWORT

Als die Veranstalter der im Jahre 1966 gezeigten Ausstellung »Das Zeitalter der Aufklärung in Nürnberg. 1780–1810« aus Vielfalt und Fülle der lokalen Kinderbuchproduktion ein Werk auszuwählen hatten, das die Grundsätze der »neuen Pädagogik« am eindrucksvollsten veranschaulichte, entschieden sie sich für Ambrosius Gablers »Skizzen physischer und moralischer Gegenstände«. Der Kupferband in Kleinfolio übt seine anziehende Wirkung vor allem durch die reizvollen Genreszenen auf den kolorierten Tafeln aus.

Wer war Ambrosius Gabler, jener Zeichner und Stecher der in der Kunsthandlung von Johann Trautner verlegten »Skizzen«?

Über sein Leben ist wenig bekannt, mit dem Werk des in Vergessenheit geratenen Künstlers hat sich keine Veröffentlichung eingehend befaßt. Als Sohn eines Rotgerbers wurde er am 13. Dezember 1762 in Nürnberg geboren, wo er am 20. März 1834 auch verstarb. Der Vater, Nikolaus Gabler, soll – wie das »Bayerische Künstlerlexicon« (1810) zu berichten weiß – neben seiner beruflichen Tätigkeit »ein sehr geschickter Kunst- und Miniaturmaler« gewesen sein. Er zeichnete aber auch Illustrationen für botanische und geologische Abbildungswerke. Nikolaus Gabler erteilte seinem Sohn den ersten Zeichenunterricht, im Kupferstich ließ er ihn bei Georg Paul Nußbiegel (1713–1776) ausbilden.

In der Literatur wird Ambrosius Gabler fast immer nur als Lehrer namhafterer Schüler erwähnt, so liest man bei Arthur Rümann: »Gabler entwickelte eine fruchtbare Lehrtätigkeit, durch die der Nürnberger Kupferstich eine bedeutende Entwicklung nahm«.[11] Vermutlich bestand darin seine größte Leistung.

Der in der »vordern Kreuzgasse« ansässige Künstler bildete seine Schüler – wie den »geistreichen Jüngling« auf Tafel 16 seiner »Skizzen« – »nach vortrefflichen Mustern«: Er ließ sie nach Antiken und niederländischen Radierungen des 17. Jahrhunderts zeichnen und stechen. Zahlreiche Ausflüge, die er mit ihnen in die Umgebung Nürnbergs unternahm, sollten sie zum fleißigeren Naturstudium anregen.

Als einfühlsamer Lehrer vermochte er, der Eigenart Heranwachsender gerecht zu werden. Frühzeitig erkannte er zum Beispiel Johann Adam Kleins Begabung für Tierzeichnungen und schickte ihn zu Studien auf Tiermärkte. Neben Klein (1792–1875) zählten Johann Christoph Erhard (1795–1822), Friedrich Fleischmann (1791–1834), Christian Meichelt (* 1776), Johann Jakob Kellner (1788–1813), Georg Christian Wilder (1797–1855) und Conrad Wießner (1796–1865) zu Gablers Schülern.

Zeitweilig war er auch als Zeichenlehrer an dem 1804 gegründeten »Seidelschen Privatinstitut für Mädchen« angestellt.

Ambrosius Gabler verfaßte selbst zwei Lehrbücher. Bei Friedrich Campe erschien ein »Neues und vollständiges Zeichenbuch« (o. J.) und bei Schneider & Weigel die «Uebung im Zeichnen für Geuebtere« (1802).

Gablers umfangreiches graphisches Werk ist noch unerschlossen. Nicht alle seine Blätter sind signiert, was eine Zuschreibung erschwert.

Urteile über seine künstlerischen Leistungen finden sich in der Literatur nur selten, sie fallen – je nach Werkkenntnis der Autoren – auch recht unterschiedlich aus.

Seine eigentliche Bedeutung als Künstler erkennt wohl am ehesten sein Zeitgenosse Johann Christoph Siebenkees, wenn er ihn einen »geschickten *Zeichner*« nennt, »der auch gute Blätter in getuschter Manier (aqua tinta) herausgegeben hat«. [12]

Johann Georg Meusels »Museum für Künstler und Künstliebhaber« erwähnt 1792 zwei Genreszenen Gablers, das »Tischgebet« und das »sterbende Kind«, die von »so guter Wirkung« seien, »daß man sie mit Recht empfehlen und des Künstlers Talente rühmen kann«.

»Ausgesprochenen Sinn für die Wirklichkeit« entdeckt Heinrich Höhn in Gablers Genrebildern, mitunter auch »einen gesunden, treuherzigen Humor«; für einen »wirklich schöpferischen und bedeutenden Künstler« hält er ihn jedoch nicht. [5]

Für Curt Glaser ist er lediglich ein minderbegabter Nachahmer Chodowieckis. [3]

Auf jeden Fall besaß Gabler zu Lebzeiten einen geachteten Namen. Eine Reihe seiner Arbeiten kann man als durchaus eigenständig bezeichnen. Trotz nicht unbeträchtlicher Konkurrenz – 1792 verzeichnet Siebenkees 51 in Nürnberg lebende Kupferstecher – vermochte er sich auf dem Kunstmarkt durchzusetzen.

Guten Absatz dürften etwa seine Darstellungen aktueller Zeitereignisse wie die Hinrichtung des französischen Königs im Jahre 1793 oder die Krönung Leopolds II. (1747–1792) zum Römischen Kaiser gefunden haben. Für den Kupferstich »Trauriges Ende Ludwigs XVI.« benutzte Gabler eine französische Zeichnung als Vorlage, um aber den Rückzug von Maria Theresias Sohn vom Dom nach dem Römer am 9. 10.1790 zeichnen zu können, war er offenbar selbst zu den Feierlichkeiten nach Frankfurt am Main gereist.

Zwei Aquatintablätter von Gabler nach Andreas Leonhard Möglich (1742–1810), die »Kaiserliche Leichtafel« und die »Trauerdecoration für Kaiser Leopold II. durch den Rat von Nürnberg«, künden zwei Jahre später vom vorzeitigen Ableben des Regenten. Die »Leichtafel« nennt Siebenkees »ein in seiner Art einziges Blatt, das von jedem Nürnberger Sammler aufbewahrt zu werden verdient«. [12]

Ambrosius Gabler wandte sich immer wieder Themen zu, die in enger Beziehung zu Nürnberg standen. Er zeichnete und stach Stadtansichten – für den »Bürgermilitäralmanach«(1809), den »Dutzendteich von der Waldseite« (1810) und eine Darstellung der abgebrochenen Elisabethkapelle, aber auch Porträts bedeutender Nürnberger Persönlichkeiten wie das des Geistlichen Dreykorn (1784) und des Buchhändlers Raspe.

Großer Beliebtheit erfreuten sich die 1799 erschienenen »Darstellungen der Nürnberger Schimpfwörter und Spottreden« bei den durch ihren Witz berühmten Bewohnern der Stadt. Am meisten bekannt aber wurde Gabler durch ein 1789 in Meusels »Museum« und Christoph Gottlieb von Murrs »Journal zur Kunstgeschichte und allgemeinen Litteratur« zum ersten Male angekündigtes Werk: die »Ausruffenden Personen zu Nürnberg mit den vornehmsten Prospecten der dortigen Hauptstraßen, Märkten und Plätzen«.

Die in mehreren Ausgaben (1789/90 im Selbstverlag, 1790 bei Christoph Weigel d. Ä. und 1805 bei Homanns Erben) erschienenen Ausrufer Gablers sind scharf beobachtete, lebendig und humorvoll dargestellte Volksgestalten. Vor einer der krummen Gassen, die Nürnbergs literarische Entdecker, die Romantiker Wackenroder und Tieck, so gern um jene Zeit durchwanderten, steht ein »Bilder Händler« und ruft: »Kooft schöne Bilder, Kupferstick, wer kooft?«

Wem nun das Straßenangebot damals nicht genügte, der ging zu Johann Friedrich Frauenholz (1754–1822) am Obstmarkt. Wie Wilhelm Wackenroder 1793 berichtete, besaß dieser Kunsthändler nahezu alle Blätter Chodowieckis und handelte »mit einer unbeschreiblichen Menge deutscher, französischer, englischer und italienischer Kupferstiche«. [13]

Die von Frauenholz am 13. Oktober 1792 gegründete »Gesellschaft der Nürnberger Künstler und Kunstfreunde« mag auf den Kunstbetrieb der alten Freien Reichsstadt anregender gewirkt haben als die bereits im Verfall befindliche Malerakademie. Die Mitglieder dieser neuen Vereinigung, der unter anderem Ambrosius Gabler, der »Nürnberger Chodowiecki« Abraham Wilhelm Küffner und der Stecher Johann Carl Bock angehörten, trafen sich allwöchentlich im »Hause des Rauchhändlers Rößler an der Fleischbrücke« und debattierten über »neue Kunstproducte auswärtiger und hiesiger Künstler«. [12]

Frauenholz betrieb nicht nur Kunsthandel, er verlegte auch Prachtausgaben naturwissenschaftlicher Werke. Die selten gewordene »Naturgeschichte der Vögel Deutschlands« (1805–1821) von Johann Wolf (1765–1824) und Bernhard Meyer (1767–1836) verdankt Ambrosius Gablers Illustrationen ihre Sonderstellung in der Buchkunst. [16]

Das »schönste deutsche Vogelbuch« nennt Claus Nissen dieses Werk, »das unter bibliophilen Gesichtspunkten wohl eine Auferstehung mittels heutiger Reproduktionstechniken verdienen könnte«. [7]

Als einziger der an der »Naturgeschichte der Vögel« beteiligten Künstler erkannte Gabler die Bedeutung des Naturstudiums. Gelegenheit dazu bot sich ihm nicht nur in Nürnbergs Umgebung, sondern auch bei Johann Wolf, der zahlreiche lebende Vögel in seinem Haus zur Beobachtung hielt.

»Herr Gabler wurde . . . von der Frauenholzischen Kunsthandlung nach Offenbach zu [Bernhard] Meyer geschickt, um einige Vögel zu zeichnen, die ich in meinem Cabinette nicht hatte«, berichtet Wolf in Okens »Isis«. Auch Goethe erwähnt anläßlich einer Besichtigung von Meyers Sammlung, die später an das Senckenbergische Museum in Frankfurt am Main überging, daß Gabler sich wiederholt in dessen Haus aufhielt, um Vogelpräparate zu zeichnen und zu aquarellieren. Anerkennend schreibt er, eine solche Arbeit nehme »die feinste Unterscheidungsgabe des Künstlers und dessen größte Sorgfalt in Anspruch«. [4]

Ambrosius Gabler schuf eine Vielzahl von zoologischen und botanischen Illustrationen. 1789 entstanden vier Blumenstücke, 1792 zwei Jagdstücke, 1792/93 erschien bei Raw in Nürnberg »Die Pferdlust«. Für drei weitere Bücher von Johann Wolf zeichnete er die Stichvorlagen: »Abbildungen und Beschreibungen der in Franken brütenden wilden Vögel«, Nürnberg: Frauenholz 1799 ff., »Abbildungen und Beschreibungen merkwürdiger naturgeschichtlicher Gegenstände«, Nürnberg: Tyroff 1816–1818 und »Abbildung und Beschreibung des Wasserwegerichs«, Nürnberg: Tyroff 1817.

Die 1774–1804 von J. E. J. Walch in Halle herausgegebene Zeitschrift »Der Naturforscher« enthält gleichfalls zoologische Darstellungen von Gabler.

»Bilder für Kinder . . . gesammelt von I. F. Frauenholz« heißt ein von 1792 bis 1795 in Lieferungen erschienenes Werk, dessen Herausgabe der vielseitige Verleger und Kunsthändler selbst übernahm. Es war als Ergänzung zu den »Gemeinnützigen Spaziergängen auf alle Tage im Jahr für Eltern, Hofmeister, Jugendlehrer und Erzieher« (1790–1797) gedacht, die Christian Carl André (1763–1831) und Johann Matthäus Bechstein (1757–1822), zwei Lehrer an Salzmanns philantropischer Erziehungsanstalt in Schnepfenthal, verfaßt hatten. Als Illustrator gibt Siebenkees Ambrosius Gabler an.

Zehn Kinder- und Jugendschriften lassen sich nachweisen, für die der Künstler Vorlagen für den Stecher zeichnete oder selbst Kupfer stach.

Comenius' »Orbis pictus« war das Vorbild der beiden Sprachlehrbücher des Nürnberger Lateinschulrektors Johann Georg Lederer (1735–1792): die »Études de la Nature et des Arts. Schauplatz der Natur und Kunst« (1798) und den häufig aufgelegten »Kleinen Lateiner oder Gemeinnützige Kenntnisse aus Natur und Kunst« (1785), Modellcharakter besaß er aber auch für die »Unterhaltungen für junge Leute aus der Naturgeschichte, dem bürgerlichen Leben und der Kunst« (3 Bde., 1786–1790) des Schweinfurter Oberpfarrers Johann Peter Voit (1747–1811). Zu diesen drei bei Schneider & Weigel in Nürnberg erschienenen Jugendschriften zeichnete Gabler einen Teil der Illustrationen.

Einige Kupfervignetten stach er für den »Goldenen Spiegel« (1799), ein Lesebuch von Johann Siegmund Stoy (1745–1808); den zweiten Teil von Jacob Glatz' »Merckwürdige Reisen in fremde

Welttheile« (1802) versah er mit einem gestochenen Titelblatt und einem Frontispiz. Voits »Auswahl teutscher Fabelndichter« (1802) enthält zwölf braun gedruckte Radierungen nach Zeichnungen des Künstlers. Auch für das reizvolle, nach dem Beispiel von GuthsMuths' Spielbüchern entstandene Bändchen »Kinderfreuden« (um 1805) schuf er die Illustrationen.

Das wohl schönste Kinderbuch Gablers sind jedoch die »Skizzen physischer und moralischer Gegenstände«. Wann der heute nur noch in vier Exemplaren*) bekannte Kupferband zuerst erschien, läßt sich nicht ermitteln. Arthur Rümanns »Alte deutsche Kinderbücher« (1937) und Klaus Doderers »Bilderbuch« (1973) geben als Erscheinungsjahr »um 1790« an. Brauchbarer sind die Schätzungen »um 1796« im Hauswedell-Katalog (1974) und in Heinz Wegehaupts Bibliographie (1979).

Kaysers »Bücherlexicon« erwähnt eine Ausgabe von 1796, die, zum Zeichenbuch modifiziert, bei Schneider & Weigel herauskam. Auch der Ostermeßkatalog von 1796 führt Gablers »Skizzen« auf, jedoch als von Felßecker [für Trautner?] in Kommission genommen.

Die Kleidermoden der auf Gablers Kupfern dargestellten Damen – vor allem die stets sich verändernden Details wie Hauben, Hüte und Halstücher – werden in Friedrich Justin Bertuchs »Journal des Luxus und der Moden« als das Neueste des Jahres 1793 bezeichnet. Da sich 1795 der Wandel zur Empiremode vollzog, darf man vermuten, daß die früheste Ausgabe der »Skizzen« die kleine Trautnersche Werkstatt im Stöpselgäßlein Nr. 4, Unter der Vesten, auf jeden Fall vor 1796 verlassen hatte. Mit einiger Sicherheit läßt sich das erste Erscheinen des Buches auf die Jahre 1794 bzw. 1795 eingrenzen.

Ambrosius Gablers »Skizzen«, eines der zahlreichen Elementar- und Anschauungsbücher des 18. Jahrhunderts, bietet im Gegensatz zu seinen enzyklopädisch angelegten Vorläufern – Comenius' »Orbis pictus« (1658), Basedows »Elementarwerk« (1774), Stoys »Bilder-Akademie« (1784) – keine Gesamtschau der Welt. Nur einige wenige Grundbegriffe, im ganzen vierundzwanzig, will dieser Band erläutern. Wie geschickt aber wird hier Sachinformation und sittliche Belehrung mit Unterhaltung, Anschauung mit ästhetischem Vergnügen verquickt. Die lebendig geschriebenen Texte entsprechen ganz dem kindlichen Fassungsvermögen.

Die Anlage des Buches folgt der Forderung des von den Philantropisten hochgeschätzten Jean-Jacques Rosseau, Kindern nicht »vielerlei Dinge beizubringen, sondern deutliche und klare Begriffe«. [10] Dabei geht er von der unmittelbaren Umwelt des Kindes aus und erläutert die Lebensalter des Menschen, menschliche Verhältnisse, die fünf Sinne, die vier Elemente, die Tageszeiten. Niemals wird die praktische Nutzanwendung »der beschriebenen physischen Gegenstände« vergessen.

Darstellungen des gesamten Lebenslaufs des Menschen finden sich in Kinderbüchern des 18. Jahrhunderts, aber auch in deren Vorläufern im 17. Jahrhundert, recht häufig. Im Gegensatz zur Kinderliteratur späterer Zeiten werden Themen wie Alter, Krankheit, Tod und Begräbnis nicht ängstlich gemieden. Zu nennen wäre an dieser Stelle – neben dem »Orbis pictus« und dem »Elementarwerk« – der 1690 bei Endter in Nürnberg erschienene »Curiöse Spiegel«, Jan Luykkens 51 Radierungen zu »Des Menschen Begin, Midden en Ende . . .«, Amsterdam 1772 und ein Bilderbogensammelband von Martin Engelbrecht, Augsburg 1739.

Welches Erziehungsziel der anonyme Verfasser der Texte – unzweifelhaft ein Anhänger des Philantropismus – vor Augen hatte, liest man in der Erläuterung zu Tafel 15: »nüzliche Menschen für die Welt und brauchbare Bürger für den Staat« will er heranbilden.

*) (Deutsche Staatsbibliothek Berlin, Universitätsbibliothek Frankfurt am Main, Stadtbibliothek Nürnberg, Bücherkabinett Hamburg)

Gleich Rousseau waren die Philantropisten mit der Frage konfrontiert, ob sich die freie Entfaltung der individuellen Fähigkeiten des *Menschen* mit der ständisch beschränkten Brauchbarkeit des *Bürgers* (im Sinne von »Untertan«) vereinbaren ließe. Nach ihrer Auffassung konnte ein vernünftiges und gerechtes Staatswesen, das menschliche Veredlung und praktische Brauchbarkeit gleichermaßen förderte, ungeahnte Kräfte aus der Liebe der Bürger zu ihrem Vaterland gewinnen. Als Joachim Heinrich Campe 1789 die Französische Republik erlebte, schrieb er enthusiastisch in seinen »Briefen aus Paris«: »Bürger und Mensch sind . . . einander nicht entgegengesetzt, wie Rousseau behauptet, aber nicht beweist. Der Mensch ist zum Bürger bestimmt, ist nur als Bürger des größtmöglichen Maßes von Glückseligkeit fähig und würdig.«

Die »erste bürgerliche Tugend und die höchste Zierde eines Standes« sei die Arbeitsamkeit, erklärt 1789 Carl Friedrich Bahrdt in seinem »Handbuch der Moral für den Bürgerstand«. Der Bürger, der seine Einkünfte nicht in Form einer feudalen Rente bezog, war auf den Ertrag seiner Tätigkeit angewiesen. In den philantropischen Lehranstalten spielte daher die Arbeitserziehung eine wichtige Rolle. Mit Linsenschleifen, Papparbeiten und Gartenarbeit, die zugleich eine gute Anschauung für den Naturkundeunterricht bot, (vgl. Taf. 3) sollten die Zöglinge auch an körperliche Betätigung gewöhnt werden.

Notwendige Grundlage der Arbeitsamkeit war »eine feste und dauerhafte Gesundheit«. Armut und Verelendung wurden fast immer als Folge von Krankheit oder persönlichem Mißgeschick (Taf. 19 und 22) dargestellt, niemals als Resultat eines unvollkommenen Staatswesens.

Ein gesunder Körper war nach Auffassung der Philantropisten auch die Voraussetzung einer gesunden Entwicklung der geistigen Kräfte. Die Körpererziehung besaß deshalb in den pädagogischen Konzeptionen des aufstrebenden Bürgertums eine grundlegende Bedeutung.

Der alte Bote auf Tafel 21 nennt dem Hofmeister und seinen beiden Eleven auf Befragen die nämlichen Mittel zur Gesunderhaltung, welche Basedow und Salzmann in den philantropischen Erziehungsanstalten Dessau und Schnepfenthal anwandten: einfache Kost, Abhärtung durch Aufenthalt und Bewegung im Freien (vgl. auch Taf. 2), bequeme, zweckmäßige Kleidung.

Auf Gablers Kupfertafeln tragen fast alle Kinder eine 1787 von Bertuch aufklärerisch als »vernünftig« und »modern« vorgestellte, von den schädlichen Einengungen des Rokoko befreite Kindertracht.

In der sorgfältigen Erziehung, der Bildung von »Geist, Herz und Geschmack« (Taf. 16), erblickten die Vertreter der Aufklärung eine Möglichkeit gesellschaftlicher Veränderung: die Überwindung der im 18. Jahrhundert noch vorherrschenden Unmündigkeit des Bürgertums. Nicht nur notwendige soziale Tugenden wie wirtschaftliche Tüchtigkeit und Fleiß (Taf. 16, 17 und 20 – »Herr von *Wacker*«), Rechtschaffenheit, Wohltätigkeit (Taf. 20) und gesittete Lebensart galt es zu entwickeln, progressiv war das Erziehungsprogramm der Philantropisten vor allem durch die Forderung nach Allgemeinbildung. Der Erwerb vielseitiger, nützlicher Kenntnisse (Taf. 3, 5, 7, 16) sollte ein solides Fundament für eine spätere berufliche Differenzierung bilden.

Auch Nürnberg besaß eine nach philantropischen Grundsätzen geleitete Erziehungsanstalt, das Institut von Christoph Büchner (1761–1844). Ausdrücklich wies dieser darauf hin: »Hier sollen keine Gelehrten, sondern künftige Kaufleute, Fabrikanten, Gutsbesitzer, Offiziere, Kameralisten erzogen werden«. [15] Unterrichtsfächer waren deshalb nicht alte Sprachen, sondern Naturgeschichte, Physik, Chemie, Ökonomie, Technologie, Physiologie, Geographie, Geschichte, Psychologie, Ästhetik, praktische Logik, praktische Philosophie, Mathematik, neuere Sprachen und körperliche Übungen.

Die Ausbildung der Mädchen beschränkte sich auch im Zeitalter der Aufklärung fast ausschließlich auf die aus einer künftigen Ehe erwachsenden Aufgaben. Etwas Lesen und Rechnen wurde – selbst von den philantropischen Erziehern Basedow und Campe – fast schon als ausreichend betrachtet. Größeren Wert legte man auf Tugendhaftigkeit, Fleiß sowie eine gewisse Handfertigkeit. Der einzige Unterricht, der den »braven« Mädchen auf Gablers Kupfertafeln zuteil wird, ist das Nähen (Taf. 7 und 16).

So verwundert es auch nicht, wenn 1781 Caroline Michaelis, die spätere Gattin von A. W. Schlegel und F. J. Schelling, über die Göttinger Professorentochter Dorothea Schlözer in einem Brief schreibt: »Dortchen hat unendlich viel Talent und Geist, aber zu ihrem Unglück, denn mit diesen Anlagen . . . kann sie weder wahres Glück noch Achtung erwarten. Man schätzt ein Frauenzimmer nur nach dem, was sie als Frauenzimmer ist.«

Was für eine Gemahlin sich ein strebsamer Bürger wünschte, zeigen vor allem Tafel 1 und 17 der Gablerschen »Skizzen« recht anschaulich: Sie sollte dem Hauswesen ordentlich vorstehen und die Kinder aufziehen. In vornehmeren Häusern durfte sie wohl auch ein wenig repräsentieren. Darüber, daß die Ehe der außschließliche Wirkungsraum der Frau war, belehrt nicht zuletzt Tafel 23: Durch den Tod des Ernährers wurde sie »in den hülflosesten Zustand versezt«.

Die Frage, wer denn der Verfasser der Texte gewesen sei, läßt sich nicht beantworten. Gabler war zwar ein geschickter Lehrer und Verfasser mehrerer Zeichenbücher, auf dem Titelblatt der »Skizzen« wird er jedoch ausdrücklich nur als Zeichner und Stecher benannt.

Joseph Kellner (1749–1814), der das kalligraphische Titelblatt stach, war ein häufig für Trautners Anstalt arbeitender Kupfer- und Schriftstecher. Er soll aber auch Jugendschriften verfaßt haben. Kommt er in Frage?

Wahrscheinlicher ist, daß es sich bei dem anonymen Verfasser um den mit Gabler gut bekannten Autor der »Naturgeschichte der Vögel« und Lehrer am Büchnerschen Institut, Johann Wolf, handelt. Nach einer Ausbildung am Lehrerseminar in Meiningen unternahm der Nürnberger Gärtnersohn auf Kosten seines Gönners, des Reichsschultheißen Haller von Hallerstein, 1789 eine pädagogische Studienreise, die ihn unter anderem zu Friedrich Eberhard Rochow nach Reckahn, an das Dessauer Philantropinum und zu Christian Gotthilf Salzmann nach Schnepfenthal führte. Vor allem Salzmann übte einen nachhaltigen Einfluß auf Wolfs spätere Entwicklung aus. Er hatte den jungen Lehrer von der Bedeutung der Anschauung im Unterricht überzeugt, wie sie auf den Kupfertafeln der »Skizzen« in vielfältiger Form demonstriert wird (Taf. 5, 7, 15, 21).

Neben den bereits erwähnten Werken botanischen und zoologischen Inhalts hatte Johann Wolf einige Kinder- und Schulschriften verfaßt: ein »Neues Buchstabier- und Lesebuch . . . für Landschulen« (1799), den in mehreren Jahrgängen erschienenen »Jugendkalender« (1804–1808), eine »Naturgeschichte für die Jugend« (1807) sowie den »Jugendalmanach auf das Jahr 1820«.

Die »Skizzen physischer und moralischer Gegenstände« sind nicht nur ein reizvolles Dokument der Aufklärungspädagogik, die detailreichen Darstellungen besitzen auch kulturgeschichtliches Interesse. Wer kennt heute zum Beispiel noch den auf Tafel 1 gezeigten »Fallhut« des Kleinkindes, die Wickelschnur, das Gängelband? Wer weiß schon, mit welch einfachen Mitteln sich eine prachtvolle Gartenillumination wie auf Tafel 5 bewerkstelligen ließ, und wer kann mit einer Feuerzange das Läuten einer Sturmglocke nachahmen (Taf. 6)?

Folgen wir also Luischen und Fritz, Amalchen und Sophie, Caroline und Wilhelm, wenn wir erfahren wollen, wie Kinder des ausgehenden 18. Jahrhunderts lebten, spielten und lernten.

Sabine Knopf

Literatur

[1] Ahrbeck, Rosemarie, *Die allseitig entwickelte Persönlichkeit. Studien zur Geschichte des humanistischen Bildungsideals*. Berlin 1979.

[2] Beall, Karen F., *Kaufrufe und Straßenhändler*. Hamburg 1976.

[3] Glaser, Curt, *Die Graphik der Neuzeit*. Berlin 1922.

[4] Goethe, Johann Wolfgang von, *Auf einer Reise am Rhein, Main und Neckar 1814 und 1815*. In: *Poetische Werke. Autobiographische Schriften. III*. Berlin 1962

[5] Höhn, Heinrich, *Johann Adam Klein als Zeichner und Radierer*. In: *Mitteilungen des Germanischen Nationalmuseums*. Nürnberg 1911.

[6] Kitzinger, Raimund, Christine Pressler und Ingeborg Ramseger, *Schöne alte Kinderbücher auf der Frankfurter Buchmesse*. (Ausstellungskatalog). Frankfurt am Main 1978.

[7] Nissen, Claus, *Die illustrierten Vogelbücher, ihre Geschichte und Bibliographie*. Stuttgart 1953.

[8] Rammensee, Dorothea, *Bibliographie der Nürnberger Kinder- und Jugendbücher 1522–1914*. Bamberg 1961.

[9] Reynst, Elisabeth, *Friedrich Campe und sein Bilderbogenverlag*. Nürnberg 1972.

[10] Rousseau, Jean-Jacques, *Über die Erziehung*. Berlin 1958.

[11] Rümann, Arthur, *Das deutsche illustrierte Buch des 18. Jahrhunderts*. Straßburg 1931.

[12] Siebenkees, Johann Christoph, *Materialien zur Nürnbergischen Geschichte*. Nürnberg 1792 ff.

[13] Wackenroder, Wilhelm Heinrich, *Reisebriefe*. Berlin 1938.

[14] Wegehaupt, Heinz, *Alte deutsche Kinderbücher*. Bibliographie 1507–1850. Berlin 1979.

[15] *Die Zeit der Aufklärung in Nürnberg*. 1780–1810. (Ausstellungskatalog). Nürnberg 1966.

[16] Zimmermann, Wolfgang, *Seltenes Vogelbuch des 19. Jahrhunderts in der DDR entdeckt*. In: *Der Falke*, 24. Jg. (1977), H. 10, S. 330 ff.